Hard Equilibrium

Mateo Morrison

Translated from the Spanish by
Ariel Francisco

SPUYTEN DUYVIL
NEW YORK CITY

ACKNOWLEDGMENTS

Asymptote: "Scene of the Dead," "I Draw My Surroundings," "Displaced Voice"

Mercury Firs: "From Your Other Station"

Michigan Quarterly Review: "Emotions for Islands," "Tired of Holding"

CONTENTS

DIFÍCIL EQUILIBRIO

Difícil equilibrio
de un ojo misterioso
que tiene que medir
mientras la mano traza
dificil equilibrio
de una mano que traza
mientras el ojo mide
difícil equilibrio de unos ojos
y unas manos que se buscan.

HARD EQUILIBRIUM

Hard equilibrium
from a mysterious eye
measuring
traces of a hand
hard equilibrium
of a tracing hand
while eyes gauge
the hard equilibrium of eyes
of searching hands.

CANSADO DE SOSTENER

Cansado de sostener
el mundo entre mis manos
he decidido con dolor y amargura
anunciarles mi agotamiento crónico.

De ahora en adelante
dejaré rodar el mundo
por cada una de las constelaciones.

Dejaré que cada uno
de sus habitantes
pueda tomar una estrella
para que alumbre su casa.

Me iré con mi familia
a construir una pequeña estancia
en cada sorbo de agua
manando del molino del amor.

Me iré en silencio sin dar órdenes
y me refugiaré en el lugar
más pequeño de la casa
a escribir poemas.

Como se que estos no tendrán
las sutilezas del lenguaje
que reclamó algún crítico
ni las rimas que demandan
mis amigos de infancia.

TIRED OF HOLDING

Tired of holding
the world in my hands
with pain and bitterness I've decided
to announce my endless exhaustion.

From now on
I'll let the world roll
over every constellation.

I'll let each
citizen
claim a star
to light their homes.

I'll go with my family
to build a small house
in every drop of water
flowing from love's mill.

I'll go in silence, not giving orders
and refuge myself
in the smallest corner
to write poems.

I know they won't have
the subtleties of language
that critics love
or the rhymes expected
by my childhood friends.

Dedicaré el resto de mi vida
a leérmelos a mí mismo
frente a un enorme espejo.

I'll spend the rest of my life
reading them to myself
in front of a monstrous mirror.

LA ESCENA DE LA MUERTE

Al llegar la noche,
mi casa se convierte
en un cementerio democrático
cada uno elige el lugar de su tumba.

Ponemos al desnudo nuestra vocación
de vivos cadáveres.
No se oye ni un murmullo
y es que a veces
—lo saben los vecinos—
jugamos a morirnos.

Nuestras flores ya no crecen
y sus tonos amarillos se integran
al lúdico sentido de la muerte.

Las puertas carcomidas están yertas
y las polillas han decidido
detener su hermoso trabajo en la madera.

Los clavos se oxidan
ahora más veloces
entran en mi casa
todos hemos aprendido a actuar
en la escena impostergable de la muerte.

SCENE OF THE DEAD

Night arrives,
my home becomes
a democratic cemetery
everyone free to choose their tomb.

We lay bare our vocation
of living cadavers.
Not even a whisper is heard
and sometimes
—the neighbors know—
we play at death.

Our flowers no longer grow
their yellows become
one with death's playful touch.

The gnawed doors are rigid
the moths have decided
to cease their gorgeous woodwork.

Nails rust
and faster than ever
everything we've learned
enters my home
the urgent scene of the dead.

EVOCACIÓN DE LA NOSTALGIA

A Jose Miguel Fortunato (Guala, mi tio)
y Rodolfo Aquino (mi primo)

De este lado del puente
surgen voces
mientras cruzamos
zonas minadas de guayabas.

El play es un universo construido
con nuestras manos
y las chichiguas
amores que el viento
nos arrebata.
Ahora estamos aqui
infectados de ruidos
despidiendo a sorbos
la dulzura de doña Nina.

Evoco con mi tío Guala
esta nostalgia
mientras surgen entre sueños
multitudes que caminan
como danza ritual sobre las calles.

Las mendoceras comienzan
con su trotar el dia
sus sonrisas y sudores
llenan de emoción nuestras mañanas.

EVOCATION OF NOSTALGIA

For Jose Miguel Fortunado (my Tio Guala)
and Rodolfo Aquino (my cousin)

From this side of the bridge
rise voices
as we cross
this guava-stripped land.

The play is a universe built
by our hands
and kite strings
loves ripped from us
by the wind.
Now we're here
infected by this racket
sipping goodbye
to Doña Nina's sweetness.

Evoking with my Tio Guala
this nostalgia
while in my dreams rise
the walking masses
like a dance ritual in the streets.

The rocking begins
with its trotting day
smile and sweat
fill our heavy mornings.

DECISIÓN

No tocaré la puerta que cerraste
aunque desde sus bordes
siempre te mire.

DECISION

I won't open the door you closed
though through its cracks
I will still see you.

DIBUJO DEL ENTORNO

Dibujo del entorno
transgresor del amor
en los apartados lugares donde nace la vida
trazando las líneas dadoras de aliento
y una multitud de palomas desafiando el aire
una mano-visible-invisible
experimenta con las formas
hasta dejarlas convertidas
en perfectas posibilidades.
Que alguien recoja
y bordee lo que fue dicho
haciendo del color un lenguaje
de multiplicidad y contorno.

I DRAW MY SURROUNDINGS

I draw my surroundings
transgresor of love
in those dark places where life is born
tracing those breath giving lines
a cloud of pigeons defying the air
a visible-invisible hand
experiments with their form
until they're left
in perfect possibility.
May someone claim them
and border what was said
making of color a language
of cities and outlines.

LAS PALABRAS ESTÁN AHÍ

Las palabras están ahí
sobre el rojo y el ocre
y sobre el rojo y verde otras palabras
nadie las pronuncia
porque están ahí ya pronunciadas
moviéndose en nuestros ojos
como si fuera posible conversar
con uno mismo y los demás
al mismo tiempo.

THE WORDS ARE THERE

The words are there
atop the red and ocher
and atop the red and green, more words
no one speaks
because there they are, spoken
moving through our eyes
as though it were possible to speak
to yourself and everyone else
at the same time.

EMOCIÓN POR LAS ISLAS

Tomo tus palabras
rodeadas de olas
que amanecen conmigo.
Cerca de mis pies
arenas vibrantes de sol.
No puedo ahora
describir un viento
que cambia a cada instante
de dirección.
Sólo los pájaros
saben la orientación
exacta de la brisa.
Ellos trasladaron
el centro del universo
a estos lugares
del Caribe.

Los pájaros saldrán de los lienzos
en noches de huracanes
volverán a vivir en las telas
cuando llegue la calma.

Soltamos de nuevo tus palabras
para instalar nuestra casa
en un círculo de arena
y hacer de nuestras vidas
ataúdes de espumas.

EMOTIONS FOR ISLANDS

I take your words
circled by waves
that rise with me.
Near my feet
vibrant sands of the sun.
I cannot now
tell of the wind
changing directions
with every second.
Only birds
know the winds
exact origin.
They move
the center of the universe
to these points
of the Caribbean.

The birds will leap from the canvas
on hurricane nights
return to live in the fabric
when calm returns.

We release your words anew
to place our home
in this circle of sand
to make of our lives
coffins of foam.

NOCTURNIDAD DEL VIENTO

a Heriberto, Ramon y Winston
a través de Egbert 7 Efigenia

Habitado de antiguos vacíos
coloco mi camisa sobre el cuerpo
salgo al encuentro del día
tomo mis colores más vistosos
sobre mi frente desfallece la luz
arribo a espacios que resultan
desconocidos
sábanas grises a mi paso

NOCTURNE OF THE WIND

for Heriberto, Ramon, and Winston
after Egbert and Efigenia

Inhabiting ancient voids
pull my shirt over my body
go out to find the day
carry my stark colors
on my face fades the light
arrive to unrecognized
spaces
gray sheets at my feet

olor a cloroformo en mis rodillas
casi duermo en mitad de la noche
nadie debe detenerse
los seis recordarán la mejor fruta
corriendo alrededor de mi forma
de amarlos
me inicio con los ojos desencajados de sus órbitas
miro desde la ciudad como si el mundo danzara
lentamente sobre mi

Stench of chloroform on my knees
almost asleep at midnight
no one should stay
the six recall the ripest fruits
circling my way
of loving them
startled eyes leaping
from their sockets
from the city I see the world
dancing slowly above

cuántos instantes casi siglos sobre mi cabeza
comienzo a entender las miradas tristes
desde la maternidad
a través de un retrato
congelados sus ojos para siempre
un pedazo de papel es destruido por la brisa
para disolverse en la última gota
de agua del Ozama
cruzo momificado por el viento

How many seconds almost centuries on my head
I begin to understand the sad stares
of motherhood
behind a retreat
eyes frozen forever
a wind-torn piece of paper
dissolving in the final drop
cross mummified by the wind

hacia un banco de parque
desde ahí divisaba entre nubes
un rostro inserto en el caribe
que me enviaba desde el centro
de la paternidad
un mensaje de olas desplazándose con amor
no había dolor que ya no habitara
en mis adentros
ni brisa que no me circundara
veo correr a mis hermanos

Towards a park bench
from here I see through the clouds
a face entering the Caribbean
that speaks to me from the core
of fatherhood
a message of waves displaced by love
there is no pain that does not live
inside me
no wind that does not surround me
I watch my brothers run

ocupando todos los espacios posibles
los había llamado en esta hora
en que el viento ha decidido acompañar
mi indiscutible nocturnidad
los vehículos no se detienen
saben que soy sombra que atraviesa las calles
tormentosa mi ruta de gemidos
extrañado en este jardín sin flores

Occupying all possible spaces
I called out at this hour
when the wind decides to join
my questionless night
no cars stop
they know I'm just a shadow crossing the street
my storming wailing path
longing in this flowerless garden

que el viento me construye
mientras una multitud de risas
acompaña mi asombro
las puertas del siglo están cerradas
nadie entona una canción
tambores callados se rinden a las nostalgias
Hölderlin me buscará en algún sitio
adherido al último sonido de campana

That the wind constructs me
while a chorus of laughter
follows my astonishment
the door to the century is closed
no one sings
silent dreams yield to nostalgia
Hölderlin searches for me
after the bells final ring

como él me dirijo hacia mi mismo
dando vueltas sobre una inmensa superficie
deslizándose a mi lado
enormes monumentos a la soledad
cada segundo la arquitectura es otra
lo visto se revés con colores distintos
y acuarelas enormes

I did as I was told
turning in an immense shadow
sliding next to me
giant monuments to solitude
every second the architecture is othered
sight re-seen in sharp shades
of giant water colors

la muchacha que cruza agrega una sonrisa
a la estatua de la derecha
el niño que corre con las manos
cargadas de frutas
da movilidad a la estatua de la izquierda
el edificio de enfrente limpia su rostro
brilla sobre mi un sol que invento
lo único estático en la ciudad
son mis ojos

The woman crossing the street smiles
at the statue on her right
the boy running with arms
full of fruit
gives life to the statue on the left
the building ahead cleans its face
a sun I invented shines on me
the only unmoving thing in this city
my eyes

crece la rama desafiando la calzada

sus flores son vapores asfixiantes

muere la rama en los pies de la calle

una savia contaminada recorre mi corazón

sospecho que es tu mano la que llega

tu entre suave y callosa melodía personal

tu perfume natural creado de mañanas

The growing branch challenges the road
its flowers are suffocating fumes
the branch dies at the foot of the road
a tainted sap reaches my heart
I suspect it's your hand that reaches me
you between your soft and callous melody
your scent of tomorrows

ese entorno que formas sobre mi cuerpo
no parece para mi
soy sombra escuálida
que puedes mirar a través de cristales
nunca antes había exhibido mis entrañas
admito que todos deletrean
mis profundas debilidades
ayer una luz infinita creció
sobre mi frente

This environment forming over my body
doesn't feel like it's for me
I'm a squalid shadow
you can see through crystals
I've never before shown my insides
I admit it all spills out
my deepest weaknesses
yesterday an infinite light grew
across my face

caminé exhibiéndola
por todos los caminos
orgulloso vestí de mis mañanas
todo lo que me rodeaba
busqué libros y la sabiduría
se juntó con la llama
parecía un nuevo sol

Walking displaying
down all roads
proudly dressed in my tomorrows
everything surrounds me
I search for books and wisdom
join the flame
like a new sun

entre las madreselvas
y querias besar cada uno
de mis poros
huracanado acento que proclamas
sitio privilegiado en mi memoria
reseco viento que a veces
ha dormido en mis noches
me acerco a tu desnudez y tiemblo

I entered the honeysuckle
and wanted to kiss each one
of my pores
a proclaiming hurricane ascension
a privileged space in my memory
thirsting wind that at times
slept in my nights
I approach you and tremble

sabes que has vencido
sobre este cuerpo cicatrizado
por las horas
reflejo de múltiples jornadas
de tedio indescifrable
la muerte como majestad
recibe a Louquo en su turey
a San Cosme y San Damian
en la laguna de Salazar

You know you've won
over this scarred body
by the hours
I reflect on my many journey's
of indecipherable boredom
death like majesty
received Louquo as king
and Saint Cosmas and Saint Damian
in the tongue of Salazar

deidades que se plasman

en mis ojos

descendamos a planos

en que se encuentran

el Talmud herido la Biblia cesante

el Corán mugriento los Vedas oxidados

el Libro de los Muertos diluido

Deities embodied
in my eyes
descend to the plane
where you'll find
the wounded Talmud and unemployed Bible
the grimy Koran and rusting Vedas
the diluted Book of the Dead

áfrica con páginas destruidas
en su cotidianidad no grabada
en el filme ni en las páginas
ni en cassettes ni en bibliotecas
ni en internet
sólo en los labios resecos
de una paridora
que hablo de un Baquini
como simple espectáculo
donde la muerte y la vida se abrazaban

Africa with its burned pages
daily life gone unrecorded
in either books or film
cassettes or libraries
not even the internet
only on the dry lips
of a pregnant woman
who speaks of a child's wake
as a simple spectacle
where death and life embrace

ahora mis rodillas no pueden sostenerse
casi lloro al desfallecer
mientras reordeno con dificultad mi correa,
medias, pantalones y zapatos
a ver si adquieren
aunque sea fugazmente
el orden en que pueda depositar
mi última sonrisa.

Now my knees can take no more
almost in tears almost fainting
while I rearrange my belt with difficulty
socks, pants, and shoes
to see if they've gained
even fleetingly
some new understanding where I can leave
my final smile.

VOZ QUE SE DESPLAZA

I

Todos aspiramos a la ternura.
La voz que se desplaza sin herirnos.
La mano casi imperceptible en nuestra piel.
Silbido que hiende la mañana en dos espacios
atemporales.
La mirada exclusiva sobre nuestros rostros.
Al olor fabricado en noches desafiantes.
Todos pretendemos una ternura
que a veces negamos
en una ciudad que nos acepta uno a uno
pues las parejas alteran su quietud.

DISPLACED VOICE

I

We all aspire to tenderness.
A voice displaced without hurting us.
An almost imperceptible hand on our skin.
Whistling that splits the morning into two
timeless spaces.
A singular look on our faces.
The odor of defiant nights.
We all pretend at a tenderness
we often neglect
in a city that accepts us one by one
while couples alter between stillness.

II

La ciudad es sólo
el inicio de una árbol
que se enquistar en la memoria
escenario de luces
propicias a nuestro encuentro
no morimos de soledad ni de distancias
prolongamos los espacios
mientras inventas
un día para mi
fuera de agenda.

II

Lonesome city
the beginnings of a tree
trapped in a memory
staged in lights
our auspicious encounter
prolonging spaces
while you create
a day for me
agendaless.

III

Ojo vibràtil del mañana
ojo acuoso de sales
¿dónde está el mar?
¿dónde los peces bañandose
en enormes olas impetuosas?
Pregunta el transeúnte
¿dónde está el mar?
y el dedo señala el horizonte
¿dónde está el mar?
La cabeza da vueltas en una enorme mesa
el indice de nuevo señala el horizonte
y el mar aparece de pronto
humedeciendo los ojos infinitos
del futuro.

III

Morning's pulsing eye
watery eye of salts
where's the sea
where the fish bath
in huge violent waves?
Ask the transient
where's the sea?
A finger points to the horizon
where's the sea?
A head spins on an enormous table
again a finger points to the horizon
and the sea appears
misting the infinite eyes
of the future.

ALICIA ALONSO

Nace un nuevo abismo
cuando Alicia regala su universo.
Danza la poesia
cuando sus manos y sus pies nos estremecen.
Flotan nuestros corazones adheridos
al viento por espacios nunca vistos.
El tiempo y la gravedad
atrapados por sus leyes se destruyen,
para que habiten nuevas constelaciones
en nuestros ojos.

ALICIA ALONSO

A new abyss is born
when Alicia gifts her universe.
Poetry dances
when her hands and feet make us shudder.
Our hearts float adhered
by the wind in never seen spaces.
Gravity and time
caught and destroyed by her laws,
to make new constellations
in our eyes.

CARNAVAL

a Dagoberto Tejeda y Reyes Fortunato
quienes me hicieron amar el carnaval

Ese rostro que ahora no aparece
dibujó con sonrisas todos nuestros
febreros.
Fue un Robala Gallina primoroso
revestido, a veces, de una grotesca
anatomía de almohadas.

Mi tío reaparece corno el rey momo
de nuestro carnaval
familiar.
Ataviado de duendes
que se agolpan en el patio
lo recuerdo en este dia,
en que cada uno hace
su comparsa interior.
Espacio multiforme
donde los muertos y los vivos
llenamos de máscaras la tarde.

CARNIVAL

for Dagoberto Tejada and Reyes Forunato
who taught me to love the carnival

That face that no longer appears
drew smiles on all our
Februaries.
An amazing Robala Gallina
costumed, at times, in the grotesque
anatomy of a pillow.

My uncle reappears like the silly king
of our carnival
familiar.
Dressed in duendes
that crown the yards
I remember him on this day,
when everyone wears
their innerselves.
Multiform space
where masks of the dead
and living fill the night.

SOR JUANA

a Soledad Alvarez

Este Amoroso tormento que en mi corazón
se ve, se que lo siento y no se la
causa porqué lo siento.
–Sor Juana Ines

Alguien Llenó este convento
de flores que yacen vivas
sobre letras que colmaron
de nostalgias cada siglo.
Nadie podrá aunque amoroso
recoger tanto universo
que regara con sus manos.
Cada dia entre rosales
tormentoso el corazón
espinas de misticismo
sangre llameante de amor.

Siete musas fueron antes
sobre este mundo y el otro
Sor Juana nos dio un olimpo
de oraciones luminosas.

Y se despidió un buen dia
para aparecerse siempre
sobre un carruaje volando
por encima de las nubes.

SOR JUANA

for Soledad Alvarez

This loving torment in my heart
I know I feel it and don't know
its cause because I feel it.
                    —Sor Juana Ines

Someone filled this convent
of flowers that lay living
over letters filled with
nostalgias from every century.
Even with love no one could
lift so much universe
to water by hand.
Every day in the rosebush
the tormented heart
mystic spines
fiery bleeding love.

Seven muses once arrived
to this world and the next
Sor Juana gave us an Olympus
of luminous prayers.

And she left one day
to appear always
on a flying carriage
atop the clouds.

Tirado por mil caballos
y una estrella que la guia
hacia una iglesia sin nombre.

Thrown by a thousand horses
and a guiding star
she built a nameless church.

EMILY DICKINSON

para Maria Castillo

Enclaustrada llenó de poemas
los restos de la tarde.
Sombras hicieron de la soledad
un espacio para la creación.

Emily descendía diariamente
a su infierno particular.

Sus páginas entonaron
un himno a la quietud
construyó estatuas de amor
con las palabras.

Dejó para cada ser viviente una
lección de paz a través de múltiples espejos.

Máscaras durmiendo
sobre las últimas sugerencias de
la noche.

EMILY DICKINSON

for Maria Castillo

Cloistered and full of poems
the rest of the night.
Shadows made of solitude
a space to create.

Emily descending daily
to her particular hell.

Her pages intoned
a hymn of stillness
built statues of love
with words.

Left behind for every living being
a lesson of peace behind many mirrors.

Masks sleeping
on the last suggestions
of night.

COTIDIANIDAD

para Victor Villegas

Aveces armamos en nuestra mentes
nuevas maneras de deslizar
nuestras vidas por las sombras.

Huimos a mundos que creíamos
ataviados de luces.

En verdad somos adoradores
de los signos cotidianos.

Las mañanas, las tardes y las noches
saben más o menos lo que haremos.

Los amores y los odios son los mismos.

Las rutas trazadas, exactas.
Admito que este día resultara extraño

siento sobre mi, cálidas manos
que me conducen a lugares no vistos.

Una sensación de calma me invade
se iluminan las paredes de mis días.

El tiempo corre sobre mis tardes
y se instala sigilosa una nueva cotidianidad
que me deplaza.

EVERYDAY LIFE

for Victor Villegas

Sometimes we build in our minds
new ways to slide
our lives across shadows.

We escaped to worlds we created
arrayed in lights.

In reality we're worshipers
of everyday signs.

Morning, noon, and night
know what we'll do.

Loves and hatreds are the same.

Traced routes, exact.
I admit this day will be strange

I feel warm hands over me
ushering me to unseen places.

Invaded by a sense of calm
the walls of my days illuminate.

Time runs through my evenings
and stealthily places a new day
that displaces me.

INSTANTE DE LA MUERTE

a Carmen Delia Fortunato

El velatorio ahora se llena de himnos.
Gargantas amorosas entonan un adiós
acompasado.
Quienes la vistas orar bajo los árboles
sabemos que en verdad amó su cielo
y que cuando viajemos a algún sitio del
mundo
su oración ahí estará
como una flor que se pasea
llenando de tristeza
nuestros ojos.

MOMENT OF DEATH

for Carmen Delia Fortunado

The wake now fills with hymns.
Loving throats sing a rhythmic
goodbye.
Those who saw her pray beneath the trees
know she loved the sky
and when we travel anywhere
in the world
her prayer will be there
like a passing flower
filling with sadness
our eyes.

INICIACIÓN DEL SOBRESALTO

a Efigenia, in memorian y a Egbert,
quién se murió de amor

El hueco estaba ahí en nuestra casa
cinco pies de oquedades infinitas
miles de dolores rasgándose la vida
en su epicentro.
El espacio llenado con su voz
en toda la extensión del hogar
solo son hondas y siluetas diluidas
y recordar su ternura
"es hora de la escuela"
multitud de labios sus palabras.
Siluetas sólo su voz
dulzuras y dolor entrecruzándose.
Las cinco de la tarde y el poeta
en el recuerdo.
Eran las cinco de la tarde
había repartido el corazón
sólo quedaban en su pecho breves sonidos
latidos a Winni, latidos a Ramon,
latidos a Heriberto, latidos a los niños
latidos para mi y nuestro padre.

Había repartido el corazón
eran las cinco de la tarde
y ahora sólo quedaban siluetas y ondas
deslizándose lentas por la casa.

INITIATION OF FEAR

an effigy in memoriam of Egbert
who died of love

The hole was there in our home
five feet of infinite cavities
miles of pain tearing our lives
through its epicenter.
The space filled with your voice
extending through the whole house
just depths and diluted silhouettes
recalling your tenderness
"it's time for school"
your words a multitude of lips.
Only silhouettes now in our home
your voice only waves
sweetness and pain colliding.
5PM and the poet
in memory.
It was 5PM
distributed heart
only small sounds left inside you
heartbeat for Winni, heartbeat for Ramon,
heartbeat for Heriberto, heartbeat for the children,
heartbeat for me and our father.

Distributed heart
it was 5PM
and now all that's left, silhouettes and waves
sliding slowly through the house.

SAMANTHA Y LAS PALABRAS

Desafío del viento a las ramas más débiles
Samantha y las palabras se enfrascan
en batallas intensas que todos contemplamos.
Las palabras en forma irregular
establecen su orden.
Samantha pretende al fin desordenarlas
con impulsos a veces inauditos.
Fonemas y morfemas
cruzan por los espacios
en una lucha frontal
donde el idioma parece esfumarse
y los sonidos auspician el caos.
Al final sonrientes
Samantha y las palabras
anuncian el triunfó de la vida.
Rosas multicolores invaden nuestra casa
hinchadas de sueños, lágrimas y risas
y sillas y mesas que danzan
sobre el piso.

SAMANTHA AND THE WORDS

The thinnest branches defy the wind
Samantha and the words are engulfed
in intense battles we all contemplate,
the words in irregular formation
establish their order.
Samantha pretends to disorganize them
with audible impulses.
Phonemes and morphemes
cross the expanse
in a frontal attack
where language seems to vanish
and sounds support the chaos.
Smiling at last
Samantha and the words
claim the victory of life.
Multicolored roses invade our home
swollen with dreams, tears, laughter,
and chairs and tables that dance
across the floor.

BERIOSKA

Escribo unas palabras
que al instante se borran.
Diseño unos dibujos
que alguien convierte en polvo.
Las manos más pequeñas
y suaves de la tierra
destruyen cada intento
de edificar auroras
Berioska instalada
al borde de la cama
la convierte en su reino
destruye-construye-destruye
juntos reordenamos los papeles
que terminan incendiados
de ternura.

BERIOSKA

I write some words
that instantly erase.
I design some drawings
that someone turns to dust.
The smallest and softest
hands on earth
destroy every intention
to erect auroras
Berioska installed
around the bed
transformed into a kingdom
destruction-construction-destruction
together we recognize the papers
that end up burning
from tenderness.

RECETA PARA SER CORRECTAMENTE ANTOLOGADO POR UN ESCRITOR DE LA POST-MODERNIDAD

Subvertir las palabras
desafiando el espacio
llenar de vaguedades cada línea.
Evitar temas relativos a las guerras sociales
y no besar muchachas en los versos.
Al final, llevar tu trabajo en una
Jaula de cristal a un colega
que de seguro te inmortalizara
en el vacio.

PRESCRIPTION FOR BEING CORRECTLY ANTHOLOGIZED AS A POSTMODERN WRITER

Subvert the words
defy space
fill lines with vagueness
avoid themes of social issues
and don't kiss women in your poems.
Finally, carry your work
in a crystal cage to a colleague
who will surely immortalize you
in the void.

SI LA CASA SE LLENA DE SOMBRAS

para iluminada
para Eric Blandon,
quien me invitó a escribirlo

Si la casa se llena de sombras
y declinan nuestros ojos
si ollas caen a nuestro paso
inaugurando jornadas de silencio
reinaugura tu luz salida del rostro
imponente que posees
altas nuestras banderas
en el más visible de los mástiles
atrás ese rostro cansado
deslizándose apenas en los pasillos
no hay sombra sin su luz
en algún punto estará la nuestra
esperando el arribo de tu imagen.

SHOULD THE HOUSE FILL WITH SHADOWS

for illumination
for Eric Blandon,
who asked me to write this

Should the house fill with shadows
and they decline our eyes
if pots fall in our wake
inaugurating journeys of silence
reopening the light your face emits
imposing that possesses
our flags high
on the highest masts
behind that tired face
barely sliding through the hallways
there is no lightless shadow
at some point ours will be
awaiting the arrival of your image.

II

A punta de amor
vas a deslizar tu rostro entre mis manos
no hay posibilidad de escape
aquí sólo es posible tomar una dirección
no se puede doblar hacia ningún recodo
no hay tiempo para recoger flores
y adornar el cuarto
sólo es posible aquí
el amor sin aditamentos.

II

At the peak of love
you'll caress your face with my hands
there's no possibility of escape
here there is only one direction
no way to turn the corner
no time to pick flowers
and adorn the room
only here is it possible
attachmentless love.

III

Cerca de tu corazón vuelan mis manos
quiero acercar mi ritmo a tus latidos
cada instante me conduce
a la posibilidad del equilibrio
parejo a nuestras ansias
cerca de tu cintura
cerca de tu soñar
cerca del viento que mece las ventanas
cerca.

III

Close to your heart fly my hands
I want to pair my rhythms to your heartbeat
every instant drives me
towards the possibility of equilibrium
equal to our anxieties
close to your waist
close to your dream
close to the wind knocking at the windows
close.

IV

Cansado de ciudad
me deposito en el recuerdo de tus tardes.

IV

Tired of society
I lay down in the memory of your evenings.

V

Has ido a ver tus tarros sin flores
anhelando un día llenarlos de colores
para que puedan acercarse
las pocas mariposas
que se atreven a desafiar ese desierto.

V

You've gone to see your flowerless jars
longing for the day they'll fill with color
so they'll come close
the few butterfly
that dare defy this desert.

VI

Qué hacer con la tristeza
me preguntas
y sigo leyendo *Piedra de Sol*
hasta el cansancio
qué hacer con la tristeza
me repites
aparece Lezama
una oscura pradera me convida.

VI

What to do with this sadness
you ask me
and I go on reading *Sunstone*
until tiredness
what to do with this sadness
you ask me again
Lezama appears
a dark meadow invites me.

VII

En la edad de piedra
estos silencios hubiesen sido ruidos
estos ruidos montañas de quietud
estas distancias cercanias
y este solar de al lado el infinito
en fin.

VII

In the stone age
these silences would have been loud
these mountainous volumes of silence
these distant surroundings
and this lot next to infinity
in the end.

VIII

Con papel y lápiz
con papel y bolígrafo
con papel y máquina
con papel
pude escribir las memorias
de nuestros cuerpos
con nada podría ahora reescribirlas.

VIII

With pen and paper
with paper and pen
with paper and machine
with paper
we can write memories
of our bodies
with nothing now I could rewrite them.

DE TU OTRA ESTACIÓN

Hace doce años
que asciendo por tus senos
esculpiendo mi estatua
en tu cintura.

FROM YOUR OTHER STATION

It's been twelve years
since I ascended your body
sculpting my statue
on your waist.

III

Alguna musica deberia romper este silencio
algún tambor distante debería aparecer
ningún antepasado ha llenado
de sonidos este cuarto.

III

Some music should break this silence
some distant drum should appear
no ancestor has filled
this room with sounds.

V

No sabremos como organizar para nosotros
esta noche infinita
en que el tiempo parece florecer
en nuestra cama.

V

We won't know how to organize for ourselves
this infinite night
when time seems to flower
in our bed.

II

De árboles venidos de la noche
de colores recién estrenados
había surgido esta extraña efigie
que hemos ido moldeando
en altos niveles térmicos.

II

From trees that arrive by night
from newly released colors
emerged this strange effigy
we've molded
in high thermals.

III

Donde nuestros abuelos colocaron una
a una las piedras de la casa
hemos decidido pasar esta noche
y sonreímos mientras recordamos
ese lugar de nobles habitantes
que ahora suplantamos.
En este lecho de Don Nicolás de Ovando
hemos moldeado nuestro amor
y las aguas del Ozama
parecen otras aguas
otro río, otra distancia.

III

When our ancestors placed one
by one the stones of this home
we decided to pass the night
and smile while recalling
that place of noble inhabitants
we now supplant.
In this bed of Don Nicolas de Ovando
we've molded our love
and the waters of the Ozama
seem like other waters,
other rivers, other instances.

IV

Recordé, en Shangai lejos del viento,
tus sonidos ardientes
y construí con mi nostalgia
un enorme soplo para que te llegara.

IV

I remembered, the far wind in Shanghai,
your burning voice
and with my nostalgia built
a huge breath to reach you.

VIII

Refractara el espejo
las cadencias del mar en tu cintura
en medio del sueño que te vio
borrosa imagen
descender hasta mi sueño.

VIII

The mirror refracts
the ocean cadences of your waist
mid-dream I see you
erased image
descend to my dream.

SOBRE EL AUTOR

Mateo Morrison nació en Santo Domingo, el 14 de abril de 1946. Es hijo de Egbert Morrison, jamaiquino, y Efigenia Fortunato, dominicana.

En la historia de la literatura dominicana corresponde a la Generación literaria de Posguerra. Es egresado en Administración Cultural. Estudió en el Centro Latinoamericano y del Caribe para el Desarrollo Cultural. Licenciado en Derecho, Magna Cum Laude, con un diplomado en Derecho de Autor y Propiedad Intelectual y otro en Negocios Jurídicos Internacionales. Posee un Máster en Filosofía del Mundo Global por la Universidad del País Vasco coordinado por la Dirección de Posgrado de la UASD.

Ha sido profesor en los grados secundario y universitario. Actualmente forma parte del equipo de jurados de la maestría Industrias Culturales y Creativas de la facultad de Artes de la Universidad Autónoma de Santo Domingo. En dicha facultad también impartió la cátedra de Legislación y Derechos Culturales. Ha recibido la distinción Salomé Ureña de Henríquez, que otorga la Secretaría de Estado de Educación. Así como también, por la Cámara de Diputados por su labor cultural. Más de treinta consejos municipales y ayuntamientos tanto en el país como en el exterior lo han distinguido como visitante de honor y el ayuntamiento de Santo Domingo Este (donde nació) le otorgó en forma excepcional la distinción de hijo meritísimo de dicho municipio. Ha recorrido diversos lugares del mundo (América, Europa, Asia y África), exhibiendo los valores de la identidad cultural dominicana de las diversas vertientes. Más de 40 escritores nacionales e internacionales han escrito acerca de la valoración de su obra literaria y sus aportes a la cultura. Ha recibido reconocimiento de más de 10 ferias del libro nacionales e internacionales. Es presidente fundador de Espacios Culturales y fundador de la Unión de Escritores Dominicanos, donde ostentó la Secretaría General.

ABOUT THE AUTHOR

Mateo Morrison was born in Santo Domingo, Dominican Republic, on April 14th, 1946 to Egbert Morrison of Jamaica and Efigenia Fortunato of the Dominican Republic.

Within the history of Dominican literature he is most closely associated with the generation of post-war poets. He has a Masters Degree in Cultural Administration and studied at the Latin American and Caribbean Center for Cultural Development where he earned his degree in Law, Magna Cum Laude, specializing in Copyright and Intellectual Property Law and another in International Legal Business. He also has a Master's Degree in Global World Philosophy from the University of the Basque Country coordinated by the Postgraduate Directorate of the UASD.

Morrison has worked as a teacher at the secondary and university levels. He is currently part of the jury team for the Cultural and Creative Industries Master's Degree at the Faculty of Arts of the Autonomous University of Santo Domingo (UASD). As faculty he was also appointed as the Chair of Legislation and Cultural Rights. He has received the Salomé Ureña de Henríquez distinction, awarded by the Secretary of State for Education and by the Chamber of Deputies for his cultural work. More than thirty municipal councils and city councils both in the country and abroad have distinguished him as an honorary visitor and the city council of Santo Domingo (where he was born) exceptionally awarded him the distinction of most meritorious son of said municipality. He has traveled around the world (America, Europe, Asia and Africa), exhibiting the values of the Dominican cultural identity and its various aspects. More than 40 national and international writers have written about his literary work and his contributions to literary culture. He has received recognition from more than 10 national and international book fairs. He is the founding president of Espacios Culturales and founder of the Union of Dominican Writers, where he held the position of General Secretary.

Fue Secretario General del Movimiento Cultural Universitario (MCU). Es miembro del Colegio Dominicano de Periodistas, de la Unión de Escritores Dominicanos y del Colegio de Abogados de la República Dominicana.

Dirigió el Departamento de Cultura de la UASD por 22 años, donde coordinó importantes eventos nacionales e internacionales como el Encuentro Internacional de Escritores Pablo Neruda, los Jueves de la Cultura, los Domingos Culturales, el Primer Congreso Nacional de Grupos Culturales Populares y dos encuentros de grupos folklóricos originales. Creó y dirigió la revista Extensión de la UASD. Fundó el Taller Literario César Vallejo, institución fundamental en el surgimiento de la generación del 80. Además, ha sido director de Formación y Cooperación Técnica del Consejo Presidencial de Cultura y presidente de esta entidad en su última etapa y pronunció el discurso central en la promulgación de la ley 41-00, acto celebrado ante la comunidad cultural en el Palacio Nacional, encabezado por el Presidente de la República, Dr. Leonel Fernández Reyna, el 5 de julio del año 2000.

Creada la Secretaría de Estado de Cultura, fue director general de Formación y Capacitación, secretario ejecutivo del Consejo Nacional de Cultura, consultor cultural del Secretario de Estado de Cultura y viceministro de Cultura. Es miembro del bufete de abogados Consultores Jurídicos y Litigantes Pérez, Toribio, Morrison & Asocs. Fue consultor en Animación Sociocultural de las Naciones Unidas para el Plan Decenal de Educación de la Secretaría de Estado de Educación y asesor de siete rectorías de la UASD. Miembro del Consejo Universitario de la UASD y presidente de los Organismos Académicos Comunes de esa institución. Dirigió durante 20 años el suplemento cultural "Aquí". Su obra literaria ha sido traducida a diversos idiomas.

He directed the Department of Culture at the UASD for 22 years, where he coordinated important national and international events such as the Pablo Neruda International Meeting of Writers, Thursdays of Culture, Cultural Sundays, the First National Congress of Popular Cultural Groups, and two meetings of original folklorists groups. He created and directed the UASD literary magazine *Extension*. He founded the César Vallejo Literary Workshop, a fundamental institution in the emergence of the Generation of 80. In addition, he has been director of Training and Technical Cooperation of the Presidential Council of Culture and president of this entity in its last stage, giving the central speech in the promulgation of Law 41-00, an event held before the cultural community in the National Palace, headed by the President of the Republic, Dr. Leonel Fernández Reyna, on July 5th, 2000.

He helped create the Secretary of State for Culture position, was general director of Training and Qualification, executive secretary of the National Council of Culture, cultural consultant to the Secretary of State for Culture and Vice Minister of Culture. He is a member of the law firm Consultores Jurídicos y Litigantes Pérez, Toribio, Morrison & Asocs. He was a consultant in Sociocultural Animation of the United Nations for the Ten-Year Education Plan of the Secretary of State for Education and advisor to seven rectories of the UASD. He is a member of the University Council of the UASD and president of the Common Academic Bodies of that institution. He directed the cultural supplement "Aquí" for 20 years. His literary work has been translated into various languages. He has participated in countless conferences, recitals, international meetings of culture and poetry, meetings of writers and literature, cultural festivals, meetings of ministers and high cultural authorities, among other events.

El 30 de mayo de 2009 recibió en Ohio el título de Doctor Honoris Causa en Humanidades por International Writers and Artists Asociation y en febrero del año, 2010, recibió el Premio Nacional de Literatura, la más alta distinción que se otorga en vida a un escritor dominicano. En el 2012, el poder ejecutivo lo distinguió con la orden de Duarte, Sánchez y Mella, en el grado de caballero por sus aportes a la cultura y los valores patrios. El Senado de la Republica y la Cámara de Diputados le otorgaron un reconocimiento por sus méritos Literarios. Ha escrito más de 30 obras, correspondientes a diversos géneros literarios.

En la feria internacional de libro de New York 2008 recibió un reconocimiento por sus aportes a la cultura de parte del Ministro de Cultura y el Comisionado Cultural para los Estados Unidos.

Recibió el premio Pluma de Oro a la cultura 2019 entregado por Acudebi en Madrid, por su excelente aporte a la cultura dominicana en España. Es Miembro de Número de la Academia de Ciencias de la República Dominicana. Recibió el premio Caonabo de Oro en el área de Literatura.

En la actualidad, es Presidente de Honor de la Feria Internacional del Libro de Orlando y le han sido dedicadas las Ferias Internacionales del Libro de Puerto Rico, y representó a la República Dominicana en el Encuentro Internacional de Poetas del Mundo Latino en Rumanía.

El Consejo Universitario de la Universidad Autónoma de Santo Domingo le concedió a unanimidad la distinción de profesor honorario de la Escuela de Letras de la Facultad de Humanidades en un acto efectuado en el Auditorio Manuel del Cabral de la Biblioteca Pedro Mir presidido por el rector magnífico Dr. Iván Grullón.

On May 30, 2009, in Ohio, he received the title of Honorary Doctor of Humanities from the International Writers and Artists Association and in February of 2010, he received the National Prize for Literature, the highest distinction awarded to a writer during his lifetime in the Dominican Republic. In 2012, the executive branch recognized him with the distinguished Order of Duarte, Sánchez y Mella, in the rank of knight for his contributions to culture and national values. The Senate of the Republic and the Chamber of Deputies granted him recognition for his literary merits. He has written more than 30 books in a wide range of genres.

At the 2008 New York International Book Fair he received recognition for his contributions to culture from the Minister of Culture and the Cultural Commissioner for the United States.

In 2019 he was given the Golden Feather Award for culture given by ACUDEBI (Cultural Association and Cooperative Development Library of the Dominican Republic) in Madrid, for his excellent contribution to Dominican culture in Spain. He is a Full Member of the Academy of Sciences of the Dominican Republic.

Currently, he is Honorary President of the Orlando International Book Fair and the International Book Fairs of Puerto Rico has been dedicated to him. He has also represented the Dominican Republic at the International Meeting of Poets of the Latin World in Romania.

The University Council of the Autonomous University of Santo Domingo unanimously granted him the distinction of honorary professor of the School of Letters of the Faculty of Humanities in an event held in the Manuel del Cabral Auditorium of the Pedro Mir Library chaired by the magnificent rector Dr. Iván Grullón.

En 2020 la Oficina de la Organización de Estados Iberoamericanos para la Educación, la Ciencia y la Cultura (OEI) en República Dominicana, eligió su Poema del dolor no merecido con la iniciativa LEER NOS CONECTA DESDE CASA que persigue promover el interés por la lectura en diversos formatos.

In 2020, the Office of the Organization of Ibero-American States for Education, Science and Culture (OEI) in the Dominican Republic, chose his poem, "Del Dolor No Merecido" ("Of Undeserved Pain") for the Reading Connects Us To Home initiative that seeks to promote interest in reading in various formats.

ARIEL FRANCISCO es el autor de los libros de próxima publicación *All the Places We Love Have Been Left in Ruins* (Burrow Press, 2024), *Under Capitalism If Your Head Aches They Just Yank Off Your Head* (Flowersong Press, 2022), and *A Sinking Ship is Still a Ship* (Burrow Press, 2020), y traductor de *Poet of One Island* (Get Fresh Books, 2024) del poeta haitiano-dominicano Jacques Viau Renaud y *Routines/Goodbyes* del poeta guatemalteco Hael Lopez (Spuyten Duyvil, 2022). Poeta y traductor nacido en el Bronx de padres dominicanos y guatemaltecos y criado en Miami, sus poemas ha sido publicado en *The New Yorker, American Poetry Review, Academy of American Poets, POETRY Magazine, The New York City Ballet, Latino Book Review*, y en otros lugares. Es Profesor de Poesía y Estudios Hispánicos en Louisiana State University.

ARIEL FRANCISCO is the author of the forthcoming *All the Places We Love Have Been Left in Ruins* (Burrow Press, 2024), *Under Capitalism If Your Head Aches They Just Yank Off Your Head* (Flowersong Press, 2022), and *A Sinking Ship is Still a Ship* (Burrow Press, 2020), and the translator of Haitian-Dominican poet Jacques Viau Renaud's *Poet of One Island* (Get Fresh Books, 2024) and Guatemalan poet Hael Lopez's *Routines/ Goodbyes* (Spuyten Duyvil, 2022). A poet and translator born in the Bronx to Dominican and Guatemalan parents and raised in Miami, his work has been published in *The New Yorker, American Poetry Review, Academy of American Poets, POETRY Magazine, The New York City Ballet, Latino Book Review,* and elsewhere. He is Assistant Professor of Poetry and Hispanic Studies at Louisiana State University.

www.ingramcontent.com/pod-product-compliance
Lightning Source LLC
Chambersburg PA
CBHW030915140626
46545CB00017B/2369